AF196494

Martina Kern

lebe das was ist
... es gibt sonst nichts

© tao.de in Kamphausen Media GmbH, Bielefeld
1. Auflage 2018
Herausgeber: tao.de
Autor: Kern, Martina
Umschlaggestaltung, Illustration: tao.de

Herstellung: tredition GmbH, Halenreie 40-44, 22359 Hamburg
Verlag: tao.de in Kamphausen Media GmbH, Bielefeld
www.tao.de, eMail: info@tao.de

Bibliografische Information der Deutschen Nationalbibliothek: Die Deutsche Nationalbibliothek verzeichnet diese Publikation in der Deutschen Nationalbibliografie; detaillierte bibliografische Daten sind im Internet über http://dnb.d-nb.de abrufbar.

ISBN   978-3-96240-328-7   (Paperback)
ISBN   978-3-96240-329-4   (Hardcover)
ISBN   978-3-96240-330-0   (e-Book)

Das Werk, einschließlich seiner Teile, ist urheberrechtlich geschützt. Jede Verwertung ist ohne Zustimmung des Verlages unzulässig. Dies gilt insbesondere für die elektronische oder sonstige Vervielfältigung, Übersetzung, Verbreitung und sonstige Veröffentlichungen.

Inhaltsverzeichnis

einblick

Der erste Teil meines kleinen Buches zeigt auf, was du bist und ich bin. Es ist aus der Sicht der „Zweiheit" geschrieben - da ist also jemand, der jemanden beschreibt. Eigentlich stimmt das so nicht, weil wir „nur" EINS sind. Doch um genau das zu verstehen, muss Reflektion stattfinden, die eine Zweiheit notwendig macht. Du findest hier Erkenntnisse, die sich auf dem Weg in diese EINHEIT auftun oder sich aus ihr beschreiben. Du wirst erfahren, dass du das, was du suchst, nur in dir selbst finden kannst – und es ist völlig egal, worum es sich dabei handelt. Es kann sogar sein, dass du gar nicht weißt, dass du suchst, dass dieses Sehnen ganz unbewusst in dir stattfindet, denn es ist das verborgene „SoSein", das nach sich selbst sucht. Weil es die „Ego-Maske" trägt, verliert es sich in der Außenwelt. Doch alles was es hier findet, kann niemals das sein, wonach es sucht, ...

DICH.

Du hast dich verirrt, weil du glaubst ein Leben zu haben, anstatt es zu sein. Du träumst einen Traum und stellst dir ein Leben vor, anstatt wach zu sein und dich darin zu befinden. Alles was du glaubst, stimmt nicht. Dein phänomenales Leben ist eine Geschichte, die du dir selber erzählst. Es ist die Konditionierung eines Geistes (Bewusstseins), der sich mit einer Form identifiziert hat und somit begrenzt scheint.

Das alles klingt ziemlich verwirrend, nicht wahr? Und deshalb findest du hier in diesem Büchlein Hinweise, die dich zur Wahrheit führen können. Du erkennst Irrtümer, falsche Hypothesen und arrogante Theorien, denen wir aufsitzen, was leider nicht zu vermeiden ist.

Das ganze Leben ist eigentlich ein (Rück-) Erinnerungsprozess (Wahrheit erkennen / Selbsterkenntnis), wenn es richtig verstanden und in seiner ganzen Tiefe gelebt wird. Doch damit das SoSein aus seinem Traum, eine vom Leben getrennt lebende Form zu sein erwachen und in das grenzenlose Leben aufgehen kann, ist Bewusstheit notwendig.

aussenwelt

Auf den folgenden Seiten bekommst du Einblick in das Leben und das was du glaubst zu sein. Es ist die Beschreibung des ICH, das sich seiner selbst bewusst ist, also des

ICH BIN.

Das ICH nimmt durch sein Bewusstsein eine Außenwelt wahr. Es lebt innerhalb des Universums und ist ein winziger Teil von ihm. Für das ICH BIN existiert die Welt, so wie du sie siehst. Sie ist scheinbar wirklich, was Wissenschaft bestätigt und Religion proklamiert. Das Universum ist der Lebensraum aller Phänomene und damit dein Zuhause. Und doch gibt es nichts außer dir, weil alles Leben ist – dieses EINE LEBEN, das kein „Zweites" kennt. Darauf verweist die Geschichte der Innenwelt im zweiten Teil.

ego + konditionierung

Gleich mit der Tür ins Haus zu fallen ist manchmal die beste Methode. Wenn du dieses Büchlein liest, gehe ich davon aus, dass du dich in irgendeiner Weise bereits mit dem Ego auseinandersetzt; entweder weil du austherapiert bist und die Nase voll davon hast, einen vermeintlichen Selbstwert zu erhöhen, den es gar nicht gibt oder weil du grundsätzlich philosophisch am Leben interessiert bist oder weil du dich auf dem „spirituellen Weg" befindest und dir dadurch bekannt ist, dass das Ego nicht wirklich existiert bzw. lediglich die Summe deiner Konditionierungen ist. Sowohl östliche Weisheitslehrer, als auch antike Philosophen lassen seit jeher verlauten, dass das Ego eine Illusion sei und auch neuzeitliche wissenschaftliche Untersuchungen konnten bisher weder ein Ego-Zentrum im menschlichen Organismus, noch eine stichhaltige Erklärung für das Bewusstsein finden. So viel zu „neuen" Erkenntnissen, die schon seit tausenden von Jahren gewusst werden. Das vermeintliche Ego-Ich hat keinen realen Inhalt; es ist nur die „Maske" deiner Konditionierung, die Rolle, die du auf der „Bühne des Lebens" spielst.

Das Ego-Konzept basiert auf Gedanken bzw. es *ist* Denken. Sobald das Bewusstsein morgens aus dem Schlaf erwacht, beginnt das Denken bzw. mit dem ersten Gedanken entsteht Bewusstsein. Es gibt dir das Gefühl, dass dieser Körper-Geist-Organismus dir gehört und das macht, was du ihm sagst. Du hast den Eindruck, dass du deinem Körper bestimmst wann du essen möchtest, welche Speise du bevorzugst, was du als nächstes tun wirst und wen du leiden magst und wen nicht. Das Ego-Ich glaubt das, weil es dahingehend konditioniert wurde. Das beginnt mit ungefähr zwei Jahren, wenn man dir lange genug souffliert hat, wie du heißt. Das ist gewöhnlich die erste Konditionierung, die man dir beibringt und danach folgt alles was du darfst oder was dir verboten ist, alles was gut oder schlecht ist, was bzw. wie du zu sein hast und wo du nicht ausreichst. Die Summe dieser Konditionierung bildet dann diesen Ich-Komplex, der deinen Namen trägt.

Wenn du in dieses Ich hinein schaust (was in allen guten Therapien oder Coachings der Fall sein sollte), kannst du alle diese Glaubenssätze erkennen, nach denen du agierst oder eher reagierst. Da ist nämlich nicht wirklich ein Wollen, das du spontan äußern könntest, sondern da wird automatisch das gewählt, was deiner Konditionierung entspricht. Kurz gesagt: Das Ego ist nichts weiter als eine Software, die auf der Hardware des materiellen Körpers abgespielt wird.

Wenn du deinem Ego folgst,
bist du auf dem Irrweg.

Der Mensch weiß es gewöhnlich nicht besser und folgt völlig unbewusst diesen Programmen, was in spirituellen Kreisen als „traumwandlerischer Zustand" bezeichnet wird. Da gibt es also den Träumer, der sich seine Welt erträumt, so wie er sie sich denkt. Sind seine Gedanken liebevoll, so wird auch seine Welt so erscheinen und er mag vielleicht zu Mitgefühl, Empfindsamkeit und Sensibilität neigen. Wird er als Kind mit Angst konfrontiert, so wird er sich eher vor einer grauenvollen bösen Welt fürchten, der er vielleicht misstrauisch und misanthropisch begegnet. Fand Gewalt in seiner Kindheit statt, so wird er sie entweder später selbst ausleben, weil seine Software es nicht anders kennt oder er wechselt die Seite und entwickelt möglicherweise ein Helfersyndrom.

Wie auch immer die Konditionierung eines Menschleins ist, es ist das, was gelebt wird, inklusive aller

Erfahrungen, die aus seiner Konditionierung entstehen. Man kann sich das als Gedanken-Netz vorstellen, also Gedanken, die sich gegenseitig bedingen bzw. aufeinander aufbauen. So lange Unbewusstheit herrscht, gibt es kein Entrinnen und du bist als Mensch vollkommen deinem Programm ausgeliefert. Und weil der menschliche Verstand begrenzt ist, ist es nur eine logische Schlussfolgerung, dass auch dein darauf basierendes Leben begrenzt ist. Angst entsteht, wenn dann da irgendwo Schluss ist mit Verstehen, wenn Dinge auftauchen, die deinen Verstand übersteigen. Das ist der Moment, in dem das Ich die Chance hat zu begreifen, dass es eben nur ein (Allmachts-) Gedanke ist und aus seinem Traum aufzuwachen. Doch das Ego träumt lieber weiter von seinem Königreich, bis die Wahrheit vielleicht unter Einsatz stärkerer Geschütze (Krankheit, Krise) wieder um Einlass begehrt und so zum Aufwachen zwingt.

> *Ich denke, also bin ich nicht.*
> *Ich denke nicht, also bin ich.*

Bewusstwerdung ist also nur möglich, wenn du Licht in die Sache bringst und beginnst zu hinterfragen, wer oder was du eigentlich bist. Möglicherweise wirst du dir zuerst anschauen, weshalb bzw. wozu die Dinge in deinem Leben geschehen wie sie geschehen. Auch wenn in spirituellen Kreisen des „Internet-Neo-Advaita" ein gewisser Prozess negiert wird, so ist es jedoch völlig klar, dass ohne Bewusstheit, Reflektion und Erkenntnis keine Veränderung (oder Hingabe bzw. Demut) stattfinden kann. Zwar wird dem Ego hierdurch (zuerst) noch mehr Raum gegeben, was sich entsprechend negativ auswirken kann, wenn hier stagniert wird (leider recht oft in konzeptuellen Therapien und Coachings der Fall), doch wenn über das Ego hinaus gegangen wird, stellt es sich im Nachhinein heraus, dass es sich um einen entscheidenden und wahrscheinlich unabdingbaren Schritt auf dem Weg (im Prozess) handelt. Auch über Zustände äußerster Glückseligkeit (Erleuchtung, Bliss) oder das Gefühl etwas Besonderes zu sein (Guru-Gehabe), muss hinausgegangen werden. Denn um herauszufinden, dass du nicht dieser Gedankenkomplex bist, sondern dass deine Gedanken (Ego-Konditionierung) das verdecken, was du wirklich bist, musst du dich völlig nackig machen. Knallharte Wahrheit dir selbst gegenüber ist der Schlüssel heraus aus dem Gefängnis der Gedanken, die begrenzt und damit automatisch falsch sind. Du bist nicht weil du denkst, sondern du bist erst (wahr), wenn du nicht (mehr denkst), also den Gedankengängen deiner Konditionierung nicht mehr ausgeliefert bist!

Aus einem verirrten Geist entspringt eine kranke Schöpfung.

Das Aufwachen aus dem Traum der Unbewusstheit (Konditionierung) ist der Beginn eines Prozesses, der dich vom vermeintlichen Ego befreit. Ab hier durchschaust du immer mehr deine Menschen-Rolle und erfährst, wie *deine* Welt funktioniert und inwieweit sie überhaupt Realität besitzt. Je mehr Dekonditionierung stattfindet, desto freier wirst du und irgendwann spürst du eine Grenzenlosigkeit, die alle deine Angst-Programme sprengt. Da ist nichts mehr, das nicht geschehen könnte, weil da niemand mehr ist, der es gedanklich begrenzen kann. (Soweit es möglich ist) Unkonditioniert zu sein bedeutet Freisein! Was bleibt ist diese Körper-Geist-Mechanik, die deinen Namen trägt und dir deshalb dieses Gefühl von einem Ich lässt, jedoch ohne Maske. Du bist dann einfach echt, das was du bist ... LEBEN ... und du lässt das geschehen, was geschieht ... in jedem Moment.

zweck + motiv

Den Dingen einen Sinn zu geben, darf nicht verwechselt werden mit der Intention von Zweck und Motiv. Während der Sinn gewöhnlicher Weise als ein Hineindeuten in etwas Geschehenes betrachtet werden kann, das vom Grunde her einer Sache eher etwas Positives abgewinnen möchte kennen Zweck und Motiv ganz klar eine vorausgerichtete Intention. Vielleicht kann man der Sinngebung noch unterstellen, dass sie das Annehmen einer Sache erleichtern mag; sie ist an sich aber passiv. Zweck kennt eine klare Absicht und Motiv kann als diese Absicht verstanden werden. Zweck geschieht also nicht ohne Absicht, was natürlich auch für Ziele gilt, die schlussendlich alle einem Zweck dienen. Die schlechte Nachricht ist, dass der Mensch vom Grund her durch Zweck motiviert ist was ihn vom Sein trennt. Die gute Nachricht ist, dass im Umkehrschluss das möglicherweise von dir angestrebte *Sein* viel leichter „zu erreichen ist" als gedacht indem du einfach zwecklos lebst und jede Intention und Absicht sein lässt.

Sein bedeutet zwecklos zu leben.

Nun bist du aber Mensch mit einem Zweck-Programm und sich davon zu lösen bedingt, sich dieses erst einmal bewusst zu machen. Wenn du beginnst dich zu fragen, hinter welchen deiner Handlungen (= Folge von Gedanken) sich Zweck verbirgt, wirst du überrascht oder gar schockiert erkennen, dass du fast nichts nur aus sich selbst heraus tust. Da gibt es die Intention von Genugtuung, die du verspürst, wenn du ein Ziel erreicht hast oder das Gefühl von Entspannung, wenn du Sport getrieben hast; die Bestätigung etwas Wert zu sein, wenn du Leistung erbracht hast oder das Gefühl von deinem Partner geliebt zu werden, wenn du etwas für ihn getan hast. Alles dient einem Zweck, sogar die Meditation, die eigentlich dazu führen soll, Dinge zu „lassen" oder die karitative Handlung, die dir bestätigt, dass du ein guter Mensch bist. Freundschaften dienen dem Zweck, dich nicht einsam zu fühlen und intime Beziehungen haben im besten Fall den Zweck dich im anderen zu finden oder von ihm bedient zu werden. Der Mensch ist ein Vielfraß das sich alles einverleibt – nichts darf nur geschaut, alles muss besessen werden oder einen Nutzen bringen. Die Basis dieses Zweck-Programms ist Egoismus und sein Werkzeug ist die Manipulation.

Liebe ist unschuldig, ohne Zweck und Motiv.

Sowohl die alten Philosophen, als auch die Religionen weisen seit jeher auf die menschliche Egozentrik hin, weshalb sie um Nächstenliebe und selbstloses Handeln bitten sowie auch der Buddhismus Mitgefühl fordert. Die Liebe, wie wir sie in unserer phänomenalen Welt kennen, ist Zweck und wird dich dadurch immer vom anderen trennen. Du wirst deinem Partner erst dann wirklich nahe sein, wenn er für dich keinen Zweck mehr erfüllt, du ihn also nicht mehr brauchst bzw. missbrauchen kannst. *Echte* Liebe ist bedingungslos und geschieht aus sich heraus, ohne Absicht. Sie verschenkt sich, ohne dafür etwas zurück haben zu wollen. Da findet keine Aufrechnung statt, weil Liebe einfach nur Geben bedeutet. Liebe ist das „wahre Sein" und verströmt sich überall hin, weil sie nicht unterscheidet.

Dramatisch wird die Verzweckung, wenn der Mensch dadurch Leid erschafft, indem er andere Lebewesen benutzt, missbraucht oder gar tötet. Oder deutlicher ausgedrückt: Jeder Zweck muss zwangsläufig Leid erschaffen, weil der, der verzweckt wird, sich als „Mittel zum Zweck" nicht besonders gut fühlt. Mal abgesehen von all den „Nutz"-Tieren, die zum Zwecke deines Verzehrs in Massen gezüchtet und auf engstem Raum gehalten werden und dadurch unermesslich leiden müssen, fängt alles im ganz normalen Alltag an. Da ist der Hund oder die Katze, die dem Zweck dienen, deine Einsamkeit nicht spüren zu müssen oder das Kind, das eine kranke Beziehung aufrechterhalten oder den gesellschaftlichen Auftrag einer Familie erfüllen soll. Da ist die gute Freundin, die von dir benutzt wird, weil sie dir immer wieder zuhört, wenn du die gleiche Geschichte erzählst und da ist der Kollege, der sich für dich beim Chef einsetzt, weil du dir selbst den Mund nicht verbrennen willst. Und dann sind da noch Dinge, die dein Leben angenehmer machen sollen, wie beispielsweise Schokolade, die du als Liebesersatz verschlingst oder die Zigarette, die dich bestätigen oder belohnen soll. Auch die Natur, die du mit schnellen Schritten durchschreitest ohne sie wirklich zu sehen, soll dir gute Luft spenden und dir neue Energie bringen.

Ganz besonders verzweckt wird dein eigener Lebensraum. Wenn du genau hinschaust, auf welche Weise der Mensch sich die Erde scheinbar untertan macht, musst du zwangsläufig zu dem Schluss kommen, dass die Masse der Menschheit nur unbewusst sein kann. Ohne tiefer ins Detail gehen oder gar moralisieren zu wollen muss doch ganz laut gesagt werden, dass die dumme Arroganz des Menschen nicht mehr zu überbieten ist. Wenn du dir auf Google-Earth die Erde anschaust, wirst du dich nicht finden können. Wie sollte also ein „Nichts" im Stande sein die Erde zu retten nachdem es sie ausgebeutet hat? Welchen Einfluss hat ein Sandkorn auf die Welt? Das Einzige, was der Mensch durch seine Verzweckung wirklich zerstört, ist sich selbst. Wenn das „Schutzschild" der Erde verschwindet, verschwindet der Mensch - die Erde bleibt.

imagination + wahrheit

Existiert die Welt auch ohne dich? Ist sie noch da, wenn du die Augen schließt? Wissenschaft, Philosophie und Spiritualität haben verschiedene Meinungen über das Universum und jede kann immer nur Theorie, also nicht wirklich wahr sein – das liegt in der Natur des begrenzten Verstandes. Über die „scheinbare Realität" unserer Welt wird vorwiegend im spirituellen Bereich gesprochen und auch die Quantentheorie geht davon aus, dass Materie nicht wirklich existiert, wenn du die Dinge auf der Nano-Ebene beobachtest. Beide sprechen also quasi von einer gewissen Existenzlosigkeit oder Inhaltslosigkeit, wenn auch aus zwei völlig verschiedenen Betrachtungsweisen heraus. Die Frage, ob über unseren Tod hinaus etwas existiert, kann niemals wirklich beantwortet werden und jede Theorie darüber ist Nicht-Wahrheit. Jede neue wissenschaftliche Erkenntnis ist reine Fiktion, eine Annahme, die auf sich fortlaufend widersprechenden Untersuchungsergebnissen basiert.

Jede wissenschaftliche Theorie ist Fiktion, die als Wahrheit verkauft wird.

Was hier jedoch zuerst betrachtet werden soll ist *deine Welt*, also die Welt, die du dir selbst erschaffst. Anders ausgedrückt kann man auch sagen, dass jeder Mensch sich sein Leben träumt, nämlich in seiner Vorstellung, seiner Imagination, was dann durch Gedankenarbeit manifestiert wird. Mit deiner Vorstellung erschaffst du dir also deine Lebenssituation immer wieder neu und es geht dir darin gut oder schlecht, je nachdem, welche Einstellung du zur jeweiligen Sache hast. Da entstehen Bilder vor deinem inneren Auge oder gar ganze Filme, aus denen du Ziele formulierst.

Ohne Kreativität gäbe es kein Erschaffen, ohne Vorstellung würde nicht wirklich etwas geschehen.

Im Grunde läuft dein ganzes Leben im Kopf ab. Du stellst dir etwas vor, was dann gewöhnlich zur Umsetzung gelangt, also zur Manifestation, wozu Gedankenarbeit notwendig ist. In deinem Kopf erscheint zum Beispiel das Bild eines neuen Autos und du malst dir so lange aus wie es ist in diesem neuen Auto zu fahren, bis es tatsächlich in deiner Garage steht, weil du darauf hin gearbeitet hast. Wenn in entsprechenden Erfolgsseminaren davon die Rede ist, dass Gedanken eine Kraft haben, so basiert dies auf der Tatsache, dass Handlung auf Gedanke, Emotion und Imagination folgt. Vorstellung inklusive Gedanken und Gefühle sind also quasi der Motor deines Lebens. Vielleicht ist es sogar so, dass, je kreativer ein Mensch ist, desto mehr in seinem Leben passieren kann – es sei denn, er bleibt in seinen Vorstellungen stecken, weil er sich lieber in Illusionen verliert, anstatt sie mutig ins Leben zu transferieren.

Die Welt ist ein Traum. Du bist der Träumer.

Aber nicht nur aus der materiellen Betrachtung heraus ist die Vorstellung der Verursacher aller Dinge, sondern auch aus der geistigen. Das was du dir ausmalst, geschieht. Wenn du deinen Mitmenschen zum Beispiel gute Absichten unterstellst und ihnen vertraust, wird das in gleicher Weise auf dich zurück strahlen und wenn du deiner Umwelt gegenüber eher negativ und misstrauisch eingestellt bist, wirst du dies ebenso zu spüren bekommen. Es ist doch so, dass wir den anderen eigentlich nicht wirklich kennen, sondern ihm immer wieder etwas unterstellen, von dem wir glauben, dass er/es so ist. Meist ist das Bild, das du dir von deinen Mitmenschen machst durch deine Vorurteile verzerrt. Da kannst du jemanden nicht leiden, noch bevor er auch nur ein Wort gesagt hat. Oder du erwartest etwas von jemandem, ohne ihm dies zu sagen, was dann meist zu (immer wiederkehrenden) Missverständnissen führt, weil der andere keine Ahnung hat. Kannst du dir wirklich jemals sicher sein, dass das Bild, das du von einer Sache hast, wirklich stimmt? Wie wäre es, wenn du nicht schon im Vorhinein deine eigenen Gedankengänge deinem Gegenüber unterstellst, damit er die Chance hat, sich selbst zeigen zu dürfen? Alles steht und fällt mit deiner Einstellung, also deinem gedanklichen oder emotionalen Bild zur Sache. Und dabei ist es egal, ob es sich auf Menschen, Tiere, Umstände und Situationen oder auch „nur" auf das Wetter bezieht. Es liegt also in deiner Verantwortung bzw. in deinem Bewusstsein, wie deine Welt aussieht: krank, böse und brutal oder tolerant, verständnisvoll und offen.

Wenn du nun dieses Wirken von Vorstellung und Unterstellung auf das gesamte weltliche Leben überträgst, so kannst du leicht erkennen, dass alles, womit der Mensch zu tun hat, nur auf Vermutungen basieren kann. Weil der menschliche Verstand nicht nur begrenzt ist, sondern auch viele „schwarze Löcher" hat, kann alles was du glaubst zu wissen, nicht wirklich wahr sein. Wie sollte eine mathematische Software richtig rechnen können, wenn gewisse (oder eher ziemlich viele) Angaben fehlen? Wovon kannst du hundertprozentig sagen, dass es wirklich wahr ist? Du wirst nichts finden. Die Welt basiert lediglich auf Theorien (was im Grunde Vorstellungen sind) und wir alle machen so, als ob dies absolute Wahrheiten wären.

Die phänomenale Welt „tut so als ob".

Aber nichts ist wahr, gar nichts. Es existiert keine wirkliche Kenntnis über das Universum und schon gar nicht über das Bewusstsein und das Ich-Gefühl. Das sind alles nur Vermutungen, von denen Physik oder Neurowissenschaft sprechen und du glaubst was gesagt wird, weil es einfacher ist, in diesem ignoranten Spiel „Wir-Tun-So-Als-Ob" mitzumachen und weil du Angst vor der Leere hast, die entsteht, wenn du dich dieser absoluten „Wissenslosigkeit" stellen sollst. Doch tatsächlich ist es so, dass *niemand wirklich mehr weiß als du*, außer vielleicht Sokrates, der scheinbar bereits zu der Erkenntnis kam, dass er eigentlich gar nichts weiß.

Wenn du tatsächlich verinnerlicht hast, dass nichts wirklich wahr ist in diesem phänomenalen Dasein und wenn du diese Wahrheit ohne Angst aushalten und dich dieser Wahrheit ganz überlassen kannst, dann bist du frei, weil du keine Sicherheit bzw. Kontrolle mehr brauchst!

wollen + werden

Zeit an sich existiert nicht. Sie ist eine Erfindung des Menschen, die vermutlich aus einer strukturellen Notwendigkeit heraus entstand, denn die Koordination einer stetig wachsenden Gruppe macht gewisse Regeln unabdingbar. Die Zeit ist ein solches Regelwerk mithilfe dessen Zeitpunkte festgesetzt werden können, die eine Orientierung möglich machen. Aus der Zeit heraus ergeben sich Vergangenheit und Zukunft, die ebenso wenig tatsächliche Realität besitzen: Vergangenheit sowie Zukunft sind reine Gedankengebilde, die im Kopf (also in der Vorstellung) eine Rückschau oder Vorschau ablaufen lassen. Die Retrospektive basiert rein auf Erinnerungen und die Schau in die Zukunft ist lediglich Phantasie, Unterstellung, Theorie. Wenn du von der Ewigkeit sprichst, ist damit in Wirklichkeit die Zeitlosigkeit gemeint und nicht eine ewige Zeit, die nie anzuhalten scheint.

Alles, was dem GewahrSein hinzugefügt wird, ist der oberflächliche Schein der phänomenalen Welt.

Das Einzige, was wirklich existiert, ist dieser eine Moment, in dem du gerade bist; das *Jetzt* also, das momentan recht en vogue ist. Dieses Jetzt kennt zwei Aspekte: zum einen die Fixierung des aktuellen zeitlichen Moments (Datum und Uhrzeit in der phänomenalen Welt) und zum anderen den Zustand der Zeitlosigkeit, die Präsenz, auch „Sein" genannt. Das SEIN kennt keine Zeit, weil es einfach immer nur das ist, was (gerade, immer, jederzeit) IST.

So sinnvoll die Zeit für unser aller Zusammenleben auf diesem Planeten ist, so sehr ist sie aber auch Ursache der wohl größten menschlichen Katastrophe: *Du bist aus der Gegenwart (Paradies) gefallen, lebst da-*

durch am SEIN vorbei, weil du dich in der Zukunft verloren hast. Der präsente Moment wird übersehen, weil du dich auf die Zukunft ausrichtest, auf das was kommt bzw. vom vermeintlichen Ego gewünscht wird. Da tauchen die Vorstellungen auf, wie du *irgendwann einmal* sein wirst oder was du erreicht haben möchtest. Der Umkehrschluss ist, dass das, was du gerade bist und hast nicht genug oder richtig sein kann. Du bist darauf ausgerichtet, etwas zu werden, anstatt zu sein und du denkst an das was du haben möchtest, anstatt an das, was da bereits in deinem Leben ist. Permanente Unzufriedenheit ist vorprogrammiert.

> Leid ist die Diskrepanz zwischen dem,
> was du glaubst sein zu müssen und dem,
> was du wirklich bist.

Doch in Wahrheit gibt es nur diesen Moment, die Präsenz der Gegenwart. Nur das ist LEBEN-SEIN. Außer dem existiert nichts und so kannst du auch immer nur *jetzt* etwas an deiner Lebenssituation ändern, wenn du Unzufriedenheit spürst. Hier auf eine Zukunft zu setzen, die bessere Zeiten bringen soll, ist im Grunde hoffnungslos dumm. Da kommen keine Zeiten, weil es sie nicht gibt und somit weder Geld noch Ansehen bringen können. Den Samen für deine Blume kannst du immer nur *jetzt* säen und wenn du ihn nicht *jetzt* setzt, kann niemals eine Blüte entstehen.

Wenn du diese Wahrheit nicht erkennst, verbleibst du im „Kreislauf des Wollens + Werdens" und verpasst das SEIN das allein existiert. Dieses LEBEN-SEIN ist das was du wirklich bist. Wenn du im SEIN lebst bedeutet das automatisch Annahme. Wenn du also bisher vergeblich versucht hast, dich selbst anzunehmen bzw. zu lieben, dann deshalb, weil du dem „SO-SEIN dessen was ist" Widerstand bietest. Dein Ego will, dass es jetzt anders ist und setzt dir Ziele in der Zukunft, denen du hinterher hechelst, in der Hoffnung, dort dein Glück zu finden. Oder es quält dich mit Erinnerungen aus einer besseren Zeit, nach der du dich zurück sehnst oder es ruft Schreckensbilder hervor, denen du dich immer noch ausgeliefert siehst. Vergangenheit sowie Zukunft halten dich also davon ab, in der einzigen Realität die es wirklich gibt LEBEN zu SEIN.

Wenn du nach gräbst und die Quelle der Freude entdeckst, dann hast du dich gefunden.

Es ist nichts dagegen einzuwenden, etwas an sich oder seiner Lebenssituation verändern zu wollen, denn das Leben an sich ist Veränderung. Hier einfach stehen zu bleiben, wie die eine oder andere spirituelle Ausrichtung vorschlägt, indem sie proklamiert, doch einfach so zu bleiben, wie man ist, scheint mir ein wenig missverständlich. Das Leben fliest unaufhörlich; ist eine ständige Bewegung. Hier bleibt nichts wie es war; es verströmt sich permanent. Und der Mensch *ist* Leben!

Du kannst nicht ändern was *du bist (unkonditioniertes SEIN), aber durchaus* wie *du bist (Konditionierung).* Wenn du beginnst, hinter deine Maske (Ego) zu blicken, dann kannst du dein wahres SoSein finden. Durchschaue deine Konditionierungen und lasse deine Freude zum Vorschein kommen; das ist Annahme - LEBEN-SEIN.

widerstand

Die einfachste und schnellste Weise, wie du Probleme in deiner Lebenssituation schaffen kannst ist die, in den Widerstand zu gehen mit dem was (gerade) IST. Egal ob man dir Steine in deinen Weg legt oder unverschämt zu dir ist, ob man dir deine Arbeit oder die Freundschaft kündigt, es liegt an dir, ob daraus ein Riesenproblem entsteht oder nicht. Deine Reaktion bzw. Einstellung zur Sache entscheidet ob aus einer Mücke ein Elefant wird. Natürlich besteht im Hinblick auf deine (finanzielle) Existenz ein Unterschied darin, ob dein Lieblingsbrötchen ausverkauft ist oder ob du deinen Job verloren hast. Doch der Sache nach ist es das Gleiche: *die Dinge laufen anders, als du es gerne hättest.* Da geschieht etwas, das dem widerspricht, was du dir vorgestellt hast und deine sofortige Reaktion ist Widerstand! Noch bevor du dir näher angeschaut hast, welche Auswirkungen das Geschehene überhaupt auf dein leben hat, kommt automatisch das „NoGo" deines Verstandes. Selbst wenn deine Gegenargumentation lautet, dass dir schließlich deine Umwelt die Sache ins Haus geliefert hat, so ist es trotzdem letztendlich immer in deiner Verantwortung wie du damit umgehst.

Grundsätzlich schaut der Mensch, der noch nicht erwachsen ist (also nicht wirklich Verantwortung für sich trägt), mit dem Opferblick in die Welt, was bedeutet, dass immer die anderen Schuld sind, egal um was es sich dreht. Dies scheint oberflächlich betrachtet leichter, blockiert jedoch das Heranwachsen menschlicher Reife. Unsere Welt wird immer problematischer, weil es mittlerweile zu viele Teenager gibt, die im Erwachsenen-Kostüm durchs Leben gehen. Der unbewusste (kindliche) Mensch agiert egozentrisch, nur auf sich bedacht und begreift so sein Umfeld automatisch als Feind. Weil es ihm nicht möglich ist, über seinen Tellerrand zu blicken, entstehen Starrsinn, Rechthaberei und Intoleranz, also die Ablehnung von Andersartigkeit. Kriege sind vorprogrammiert, außen wie innen. Dass diese Einstellung Enge und Begrenzung bedeutet, will vom Ego-Verstand nicht erkannt werden. Keine Frage, dass sich das hypermanische Ego für das Wichtigste hält, was diese Welt zu bieten hat – und das gilt für *jedes* einzelne Ego auf diesem Planeten!

> Heilung tritt ein,
> wenn du dich nicht mehr so wichtig nimmst.

Aus dem Widerstand heraus zu gehen heißt also in erster Linie, dich selbst (Eigenwillen) nicht so wichtig zu nehmen und Ungewolltes oder Ungewünschtes zuzulassen. Nicht selten sind es genau die Dinge, die du bisher abgelehnt hast, die vielleicht das in dein Leben bringen, was du dir immer schon gewünscht hast. Das, wogegen du Widerstand übst, ist gewöhnlich das, was du zu „lernen" hättest oder mit anderen Worten ausgedrückt: es provoziert dein Potential!

Wenn du den Widerstand aufgibst, überschreitest du deine Ego-Grenze und öffnest dich ins Unbekannte. So kommst du von der Enge in die Weite, die alles möglich macht. Nichts in diesem Leben ist begrenzt, außer deinem Verstand, also deinem Denken, das sich nur in seinem eigenen Ego-Paradigma dreht. Wenn du neuen bzw. andersartigen Dingen neutral begegnest, gibst du ihnen die Chance, dir zu zeigen, weshalb sie in dein Leben gekommen sind. Eine neutrale Einstellung bringt Toleranz und Annahme ganz natürlich mit sich. Die Folge ist, dass Grenzen gesprengt und Egozentrik überwunden werden können. Empathie für den anderen kann entstehen und den Frieden mit sich bringen, den der Mensch so dringend braucht.

Neutralität trägt Ausgeglichenheit in sich. Ein in sich harmonischer Mensch kann nur wahrhaftig, also authentisch sein und kongruent handeln. Die Wahrheit ist es, die jedweden Kampf in einem Außen, das es sowieso nicht gibt, einstellt, weil sie entwaffnend ist.

Wahrheit ist Kongruenz.

Wenn du beginnst, ehrlich über dich und dein Verhalten zu reflektieren, kannst du nur zu dem Schluss kommen, dass du selbst der Schlüssel zu deinem Schloss bist: Außen wird zu Innen, so dass sich beides gegenseitig aufheben kann. Zurück bleibst allein du, LEBEN das lebt ... und wenn du es in seiner Totalität verstanden hast, dann weißt du, dass es so fließt, wie es fließt, ohne dass Ego jemals *wirklich* irgendetwas daran ändern könnte!

phänomenale welt

Diese Welt, in der wir als Ego-Mensch leben, funktioniert im Grunde ganz unspektakulär auf der Basis
von „0 + 1"; sie bewegt sich zwischen Gegensatzpaa-
ren wie beispielsweise Ja + Nein oder Plus + Minus.
Das sind die originären Kräfte, die das Universum
zusammenhalten. Die Gegensätze wirken aufeinander
ein und spielen so (durch Ton + Nicht-Ton) die Melo-
die des Lebens, nach der du tanzt. Das geschieht (für
jedes Lebewesen) jeden Tag neu, wenn du deine Augen öffnest und deine Energien zum Schwingen
bringst weil du dir deiner Existenz bewusst wirst ...
LEBEN lebt. Die Gegensätze bewegen sich zwischen
Anziehung und Ablehnung mal mehr oder weniger
stark und wenn sich der Widerstand zwischen beiden
zurückzieht und sich das Gegensatzpaar berührt und
ineinander aufgeht, ist Stille da, Bewusstsein ruht ...
Schlaf, in dem Leben „nur" IST (SEIN). Mehr als dieses einfache Prinzip gibt es nicht zu verstehen. Doch
die Wissenschaft glaubt, sie könne trotz vieler fehlen-
der Teilchen ein vollständiges Puzzlebild hervorbrin-
gen, was einfach Irrsinn ist, weil unmöglich.

Wenn du deine Augen öffnest, ist ALLES.
Wenn du sie schließt, ist NICHTS.

Grundsätzlich sind die Energien 0 + 1 neutral und
kennen keine Wertung. Es ist weder etwas Schlechtes,
noch etwas Gutes in ihnen; da ist nur Funktion die
Bewegung hervorbringt, sonst nichts. Und so ist das
gesamte Universum weder gut noch böse; es ist einfach nur wie es ist. Der Schöpfung einen Stempel auf-
zudrücken, hat die Menschheit vollbracht. So ist in
Wahrheit weder ein Stern ein Stern, noch ein Baum
ein Baum. Nichts trägt in Wirklichkeit einen Namen.
Der Mensch hat die Bezeichnungen erfunden, weil sein

„System" Konzepte braucht, um funktionieren zu können. Alles wird vom Verstand analysiert und kategorisiert damit sich das Gefühl „man wisse Bescheid und habe den Durchblick" einstellen kann. Aus (in die Unbewusstheit verdrängter) Angst werden Sicherheitssysteme ins Leben gerufen, die das Geschehen auf der Erde und im All kontrollieren sollen. So sind Moral (Gott) und Gesetz im Grunde aus der Angst heraus entstanden. Mag sein, dass dieser Schritt in gewisser Weise sinnvoll war, doch wenn äußere Gesetze und Moralpredigten notwendig werden, ist das ein Zeichen dafür, dass es für die Menschheit eigentlich schon zu spät ist. Es bedeutet nämlich im Umkehrschluss, dass keine Selbstverantwortung vorliegt, weil der Mensch offensichtlich im Kindheitsstadium fest steckt, was scheinbar eine darüber geordnete Instanz erforderlich macht.

Angst kann nur im Ego-Geist existieren.

Moral und Gesetz basieren auf „richtig + falsch", was Bewertung + Vergleich bedeutet. Aus dem Vergleich erwächst Neid, Missgunst, Unzufriedenheit und Gier nach „immer besser" und „immer mehr" und aus der Bewertung wird Verurteilung, was Arroganz, Intoleranz, Trennung und Schuldzuweisung nach sich zieht. So ist also der Mensch für all das Grauen zuständig, das quasi auf seiner eigenen (fehlenden) (Fehl-) Entwicklung basiert. Jedes Tier trägt mehr Verantwortung als der Kind-Mensch!

Niemand kann sich aus der Verantwortung nehmen für das was auf dieser Erde geschieht, auch wenn du erwacht bist und weißt, dass diese phänomenale Welt nicht alles (oder nichts) ist. Egal in welchem Zustand von Bewusstheit du dich befindest, du lebst hier und nirgendwo sonst, weil (für den Menschen) nichts anderes existiert, wo er leben könnte. Solange du das nicht verinnerlicht hast, lebst du noch eine Illusion.

Aus diesem Hintergrund heraus betrachtet ist es auch gleichgültig, ob die Welt durch dein GewahrSein entsteht oder ob sie ganz unabhängig von dir existiert. Sie ist da und wird dem menschlichen Bewusstseinszustand nach behandelt.

Veränderungen finden nicht irgendwo im Außen statt sondern in dir also im Bewusstsein jedes einzelnen Menschen. Dabei ist es egal, ob du determiniert bist oder ob ein eigener Wille existiert: Wenn du mit der Wahrheit konfrontiert wirst, dann ist das so, gleichgültig ob so bestimmt oder weil da irgendwo eine Bereitschaft oder Möglichkeit in deinem Bewusstsein entsteht, offen für neue Gedanken und Veränderung zu sein. Solange du in diesem Körper-Geist-Organismus auf dieser Erde lebst, ist es in deiner Verantwortung, wie du mit ihr umgehst. Das bezieht auch deine Konflikt-Energien, die du auf deine Umwelt ausstrahlst, mit ein. *Und du trägst vor allen Dingen deshalb für all das was du bewirkst Verantwortung, weil es außer dir niemanden gibt (Nicht-Zwei/Advaita), auf den du Verantwortung abschieben könntest!*

Erwachen bedeutet Verantwortung tragen.

Diese phänomenale Welt ist die Bühne deines „Lebens-Theaters". Du spielst sowohl die Hauptrolle des Dramas und du bist auch der Regisseur, der es inszeniert und ebenso der Zuschauer, der es betrachtet. Das ist das Paradox des Lebens, das vom Verstand nicht verstanden werden kann. Aber wenn du weißt, dass du selbst alles bist, dann stellen sich Leichtigkeit und Vertrauen ein und du nimmst das Leben, das du selbst bist, an und bewegst dich mit, wohin auch immer es dich führt.

transzendenz

Alle großen Denker, Meister, Philosophen und Mystiker sind sich einig: Falls unser phänomenales Leben einen Sinn hat, dann ist es der, über sich hinaus zu wachsen und zwar aus dem ganz einfachen Grund, weil LEBEN keine Grenzen hat. Es ist wie das Sprudeln einer Quelle, die immer nur hervorbringt. Da gibt es keine Rückwärtsbewegung; da ist nur sich verströmendes Fliesen und es fließt unendlich. Scheinbar ist es so, dass sich LEBEN nur selbst erleben kann, wenn es sich materialisiert. Es braucht vermutlich eine Körper-Form, um die Phänomene (Objekte), die es selbst erschafft, über die Sinne äußerlich erfassen zu können. Durch die kindliche Konditionierung stellt sich offenbar Identifizierung mit diesem Körper ein und LEBEN verliert sozusagen seine Bewusstheit. Durch die ständige Gehirnwäsche ist es davon überzeugt, eine getrennte Menschenform zu sein und verirrt sich vollständig in dieser Persona (Rolle, Maske, Ego). Was genau LEBEN mit dieser Inkarnation im Schilde führt weiß niemand und wird es auch nie wissen.

Ob der Mensch tatsächlich die Krönung der Schöpfung ist, scheint mir immer fraglicher. Wenn man den Kind-Menschen so betrachtet, könnte man nämlich den Eindruck gewinnen, dass es vielleicht doch ganz anders ist, nämlich so, dass der menschliche Bewusstheitsgrad der „niedrigste" ist, während Tiere „höher" und Pflanzen am „höchsten schwingen". Untermauern ließe sich diese These damit, dass der Mensch immer noch der irrsinnigen Meinung aufsitzt, er könne dem Leben *wirklich* Widerstand bieten und könne es kontrollieren, während die Tiere sich ins Leben hinein ergeben und die Pflanze erblüht über allem vollständig aus sich heraus in ihrem SoSein, weil sie einfach nur IST.

Die Wahrnehmung über die Sinne lässt unser buntes Leben entstehen. Das funktioniert wie folgt:

Wahrnehmender   *(Subjekt = Ich)*
Wahrnehmung   *(Bewusstsein)*
Wahrgenommenes   *(Objekt = der andere)*

Ohne diese Trias gäbe es nichts oder deutlicher ausgedrückt: Diese Trias ist die Welt von ALLES. Fallen nun Wahrnehmender, Wahrnehmung und Wahrgenommenes in sich zusammen, ist dies spirituell betrachtet die Erleuchtung, also das Erleben, dass alles EINS und nichts voneinander getrennt ist. Christlich gesprochen könnte es vielleicht heißen: Du bist sowohl Vater, als auch Sohn im Heiligen Geist.

> *Die Welt entsteht durch GewahrSein.*
> *Ohne GewahrSein keine Welt.*

Wenn dich diese Wahrheit erfüllt und du beginnst diese Wahrheit zu leben, bist du über die Welt der Sinne und Konzepte hinaus, weil du sie nicht mehr brauchst um zu erkennen was du bist. Solange du den Versprechungen deiner Sinne ausgeliefert bist, wirst du im Kreislauf von „Haben-Wollen" festgehalten. Doch nichts ist schlecht daran, wenn du dich darin wirklich wohl fühlst. Wenn du nicht leidest, gibt es keinen Grund vor dieser Welt zu flüchten, es sei denn, du erinnerst dich daran, dass du nicht (nur) dieser Körper-Geist-Organismus bist. Wenn die leise Stimme in dir zu rufen beginnt und du spürst, dass diese Welt der Gegensätze nicht dein Zuhause ist, dann wirst du unweigerlich zu suchen beginnen ... und da kannst du nichts dagegen tun!

> *Du bist zwei – Heilung geschieht durch EINS.*

Transzendenz bedeutet also, die Grenze des Mensch-Seins zu überschreiten und zu erkennen, dass du EINS bist, genauer ausgedrückt, *das* EINE, weil es kein Zweites gibt (Advaita). Da existiert nur grenzenloses LEBEN ... und sonst nichts. Wenn du über das MenschSein hinaus gewachsen bist (wobei du zwangsläufig das KindSein überwunden und den Erwachsenen-Status verinnerlicht haben musst), stellt sich das ein, was Meister und Mystiker versprechen: Alles geschieht aus sich heraus, wenn Gott sich findet, weil sich die Maske der Konditionierung zu lösen beginnt. Da scheint Wahrheit durch und du beginnst zu ahnen, was du wirklich bist. Die scheinbare Trennung wird überwunden im Erkennen, dass es sie nie wirklich gab. Das ist EINSWERDUNG, der paradiesische Zustand. Im EINS-SEIN sind die gegensätzlichen Kräfte wirkungslos bzw. sie gehen ineinander auf was bedeutet, dass weder Leid noch Angst existieren können – da ist nur Bedingungslosigkeit.

Die Wahrheit ist also, dass du das bist, was alles erschafft – du weißt es nur nicht und kannst es dir auch nicht vorstellen. Das sollst du auch nicht, denn solange du „Maya" ausgeliefert bist, dir also deine eigene persönliche Welt durch deine Vorstellung gestaltest, hast du noch nicht verstanden, dass du das überhaupt nicht brauchst bzw. dass dich dieser „Alleingang" vom EINS-SEIN trennt. Wenn LEBEN leicht und frei fließen kann, weil es keine Widerstände (Ich-Wünsche) mehr gibt, dann verströmt es sich so unermesslich in dir, wie du es dir niemals vorstellen kannst!

Es ist nicht was sieht.
Es ist nicht was hört.
Es ist nicht was riecht.
Es ist nicht was schmeckt.
Es ist nicht was fühlt.
Es ist, was all dies möglich macht!

sucher + gurus

Die Suche beginnt, wenn sich Bewusstsein sensibilisiert und du zu ahnen beginnst, dass da mehr ist als dieses begrenzte Leben. Das kann durch eine Krise geschehen, durch Leid und Krankheit oder weil du schon immer ein wenig „anders" warst oder dich speziell für Philosophie bzw. Ontologie interessierst. In der Suche liegt manchmal auch Flucht vor alldem, was dich sensibel gemacht hat und vermutlich auch Angst vor der Leere. Sie basiert auf dem Wunsch, „ein besseres Leben zu finden" oder glücklicher zu sein und dem Leid zu entrinnen. Jede Art von Reflektion (ob mit oder ohne Therapie) stellt dich, also dein vermeintliches Ego, zuerst einmal in den Fokus der Betrachtung und macht es entsprechend wichtig. Das ist nicht zu umgehen und hat von daher seinen Sinn, weil ohne Bewusstwerdung eine Transzendenz nicht möglich ist, auch dann nicht, wenn jemand quasi „über Nacht sein Ich verliert" (worüber derzeit gerne in der „neospirituellen Internet-Szene" berichtet wird). Die Transformation erfolgt nach dem „plötzlichen Ich-Verlust" genau so, wie dies nach einem „Erleuchtungserlebnis" der Fall ist, wenn aus dem Nichts heraus die Einsicht auftaucht, dass da kein getrenntes Ich existiert, weil alles „nur" dieses EINE ist. Es ist beides (alles) das Gleiche: Du erkennst, dass du nicht das bist, was du geglaubt hast zu sein; und es ist völlig gleichgültig, auf welchem Weg diese Erkenntnis eintritt.

Der Sucher sucht also nach einem Zustand, der besser ist als der, den er kennt und lebt. Er sucht nach Glück oder Frieden, der nie mehr vergehen möge. Er sehnt sich nach dem Paradies, um den Anforderungen des Lebens entgehen zu können. Und das begrenzt sich nicht nur auf die spirituelle Suche oder die religiöse Weltflucht; vielmehr wohnt die Suche als solche dem Menschen inne. Was auch immer in die Suche hinein interpretiert werden kann, wird wahrscheinlich nicht das treffen, was Wahrheit ist, weil Wahrheit unseren Verstand übersteigt. Es kann nur vermutet werden, dass die Suche zu einem gewissen „Erinnerungsprozess" gehört oder ein „Nachhauseweg" ist oder metaphorisch gesehen ein in uns gelegter Samen sein könnte, der zur vollständigen Blüte führen soll.

Der Sucher ist das Gesuchte.

Dieser Samen kann sich in positiven Aspekten ausdrücken, aber auch in eher negativen wie Unzufriedenheit oder dem Glauben, etwas würde fehlen. Alles was der Mensch in seinem Leben bewirkt, entspringt letztendlich größtenteils aus dem Gefühl des Mangels und Nichtgenügens. Und so gibt es keinen Unterschied darin, ob du dich in spiritueller Weise suchst oder dich moralisch immer „guter" machen oder ob du immer mehr Reichtum, Güter, Status und Erfolg an Land ziehen möchtest; alles ist Suche nach dem was dich vollständig machen soll. Der spirituelle, religiöse oder soziale Mensch ist also in keiner Weise „guter" als der erfolgreiche, Status-verliebte Geschäftsmann, weil die Intention des „Werdens + Wollens" die Basis jedweder Suche ist. Solange Intention und Absicht dich treiben, bist du im Eigenwillen und genau dies musst du begreifen damit die Suche enden kann. Solange du nicht verstanden hast, dass da niemand ist, der etwas anderes wollen könnte, als das was ist, wirst du weiter suchen.

Niemand weiß wirklich mehr als du.

Es ist also scheinbar so, dass der Mensch ein Programm des „Vollkommen-Werdens", des „Nach-Hause-Kommens" oder der „Eins-Werdung" in sich trägt (wie auch immer du es ausdrücken magst, es ist das Gleiche) und so einen Prozess durchläuft, der beispielsweise folgende Phasen haben könnte:

GewahrSein:	*Kleinkindliche Unschuld*
	Unkonditionierte „Reinheit"
Unbewusstheit:	*Kindebene*
	Konditionierung
	Projektion + Opferrolle
Bewusstheit:	*Erwachsenenebene*
	Ego-Konditionierung
	Selbstverantwortung
Selbst-Bewusstheit:	*Erwachsenenebene*
	Ego durchschauen
	Projektions-Rücknahme
	Selbstverantwortung
ÜberbewusstSein:	*Mensch-Gott*
	ohne Eigenwillen
	ohne Intention
	Leben „das-was-ist"
GewahrSein:	*unkonditioniertes Leben*
	Gott-Mensch

So ähnlich könnte sich eine prozesshafte Transformation vielleicht beschreiben lassen.

Auf dem spirituellen Spielplatz gibt es aber auch andere Aussagen, wie zum Beispiel „Du musst gar nix tun weil du schon bist. Und überhaupt kannst du sowieso nix machen, weil du ja vollkommen der Totalität ausgeliefert bist, die schon darüber entschieden hat, wie es mit dir läuft und wann es zu Ende ist". Und zwischen beiden Anschauungen gibt es jede Menge proklamierter Wahrheiten, die von entsprechenden Gurus und Weisheitslehrern vermittelt werden. Das ist ganz schön verwirrend, vor allen Dingen dann, wenn du nach dem *„richtigen* Weg" suchst oder nach dem, der am schnellsten oder einfachsten ist. So kann es sein, dass du von Guru zu Guru reist oder einen Autor nach dem anderen verschlingst, in der Hoffnung, bald anzukommen. Was du dort jedoch erfährst sind lediglich weitere Konzepte, die dich davon abhalten, Wahrheit zu finden.

> Einsicht ist das unmittelbare
> Erfassen der Wahrheit.

Es gibt tatsächlich nur einen, der deine Suche beenden kann und das bist du. Ja, nur du bist in der Lage Wahrheit zu erkennen, weil es tatsächlich immer nur *deine* Wahrheit sein kann. LEBEN erkennt sich durch dich und durch den und die und das – ein Erkennen von SoSein verschiedener Form. Jedes Tier, jede Pflanze, jedes Mineral ist LEBEN in seinem So-Sein, da gibt es keinen Unterschied und deshalb ist jede Form von LEBEN das Gleiche – es existiert nichts anderes! LEBEN erkennt LEBEN immer nur in sich selbst und niemals durch einen anderen, obwohl auch der LEBEN ist. So lange ein „Erleuchteter" oder „Verwirklichter" davon spricht, der Wahrheit eines „persönlichen Meisters" zu folgen, ist er in diesem Sinne weder erleuchtet noch verwirklicht, auch wenn der äußere Guru ebenfalls „nur" LEBEN ist und als das EINE nicht von dir getrennt ist; die Welt lebt nun mal durch die Verschiedenheit. Erst durch die Unterschiede der Lebensformen wird sie bunt. Und so braucht diese Welt den Traum von Trennung, damit überhaupt etwas (Handlung) passiert.

Die Wahrheit aber geschieht dir plötzlich und unvermittelt. Sie taucht auf aus deinem Inneren (ob es ein Innen und Außen gibt oder nicht, es fühlt sich jedenfalls so an). Und sie taucht nicht nur einmal auf, sondern immer wieder, mit jedem Mal wenn der Nebel sich in deinem Bewusstsein lichtet und Klarheit entsteht (Sonne bricht durch, Wolken verziehen sich).

Und das was dann auftaucht ist unumstößlich so, da gibt es keine Zweifel und da wird auch nicht mehr darüber nachgedacht. Da ist Annahme, die annimmt, weil da niemand mehr ist, der etwas dagegen tun könnte. Und dieser Prozess der Klärung des Bewusstseins endet nie, zumindest nicht innerhalb der Menschenform, weil die Wahrheit außerhalb des MenschSeins liegt. Du kannst ihr/dir immer nur ein Stückchen näher kommen. Und das gelingt nur, wenn das Ego aufgibt, weil es sowieso nie wirklich war.

Da ist nur LEBEN das lebt ... und du (der du nicht getrennt davon existierst) kannst nichts dagegen tun, weil du das EINE LEBEN bist, auch wenn du das nie wirklich begreifen wirst.

Und weil es nur DAS gibt,

das als DU in dieser Form erscheint,

bist DU als DAS dafür zuständig

was geschieht.

Weil DAS aus DU heraus wirkt,

musst DU die Konsequenzen tragen

und die Frage,

ob DU etwas dafür kannst,

was DAS durch DU bewirkt,

stellt sich nicht,

weil DU DAS BIST.

bewusst – sein

Solange du nicht weißt was du bist, scheint das Leben schwierig und kompliziert, weil du den begrenzenden Ego-Konzepten und den Bedingungen der phänomenalen Welt ausgeliefert bist. So kann das Argument, dass es doch eigentlich leichter sei, einfach in der Verantwortungs- und Gedankenlosigkeit der Unbewusstheit zu verbleiben, nicht wirklich greifen. Denn das Ende der (gefühlten) Suche ist nicht „einfach" eine unbewusste Gedankenlosigkeit, sondern die Freiheit von unnützen Gedankenkomplexen, die sich dann einstellt, wenn du deine Konditionierungen aufgedeckt und dadurch die Ego-Illusion durchschaut hast. Wahrhaftige Intelligenz nutzt das Denken und wird nicht vom Denken gedacht - das ist der gravierende Unterschied. Diese Intelligenz liegt außerhalb des begrenzten Verstandes und erscheint immer spontan aus sich heraus, wenn Lösungen gebraucht werden.

Da absolute Wahrheit vom menschlichen Verstand nicht nachvollzogen werden kann, kann nur das beschrieben werden, was erlebt wird und dieses Erleben weist ganz klar auf einen Prozess hin, in dem auf irgendeine Art und Weise Veränderung stattfindet und zwar heraus aus einer Enge und Kleinheit hinein in etwas Weites, Unendliches. Es ist also ein sich Ausweiten, ein immer mehr Erkennen von etwas, das sich wie Wahrheit anfühlt. Diese Wahrheit ist weder innen noch außen oder sowohl als auch. Sie scheint sich durch das Bewusstsein (Geist) zu zeigen und fühlt sich an wie immer tieferes Erkennen oder Intelligenz, die immer intelligenter wird, so als würde sich trübes Wasser klären, damit du bis auf den Grund „durchblicken" kannst. Die gefühlte Weite und Grenzenlosigkeit scheint zu entstehen, wenn sich Konditionierungen auflösen. Es ist tatsächlich so, als würdest du aus einem Gefängnis ausbrechen, hinaus in die Freiheit, in der alles möglich ist. Da ist keine Angst mehr, die dir sagt, dass irgendetwas nicht geht, wenn Herausforderungen in dein Leben treten. Du kannst alles widerstandslos annehmen, weil du in einem grenzenlosen Vertrauen *immer* weißt, dass dir alles nützlich ist was kommt und dass es dir hilft dich zu erkennen (erinnern). Je mehr Konzepte du durchschaust, desto frischer und lebendiger fühlst du dich. Da ist eine tiefe Freude, die jeden Tag zu etwas Besonderem macht.

Du bist nicht deine Rolle, du spielst sie nur.

Der unbewusste Mensch ist der Schauspieler, der vergessen hat, dass er nur eine Rolle spielt. Solange Unbewusstheit (Ego-Konditionierung) da ist, gibt es kein Entrinnen! Doch wenn durch aufmerksames Hinterfragen bewusste Wahrnehmung einsetzt und du auf diese Weise in den Schauspieler „transzendierst", kannst du dich von deiner Rolle distanzieren, wenn sie dir nicht gefällt; du kannst Einfluss auf sie nehmen, sie verändern oder gänzlich wechseln. So kann sogar der Mörder zum Heiligen werden, wenn er wahrhaftig erkennt was er tut („ ... denn sie wissen nicht was sie tun"). Du bist dieses eine LEBEN und *die Dinge in deiner Welt geschehen durch dich*. Doch weil dir eine alles umfassende Wahrheit (*vollständige* Erinnerung) in deiner Menschenform verschlossen bleibt, bleibst du auch in deiner Rolle des „bewussten Schauspielers" irgendwo begrenzt. Aber das ist nicht schlimm, weil du ja weißt, dass alles, was mit dir und durch dich gespielt wird, nur zu mehr Erinnerung/Wahrheit führen kann. Deshalb ist es das Beste, wenn du einfach ALLES geschehen lässt, wie es geschieht, weil du weißt, dass das was (dir) geschieht immer nur der stille Hinweis ist auf das was du bist.

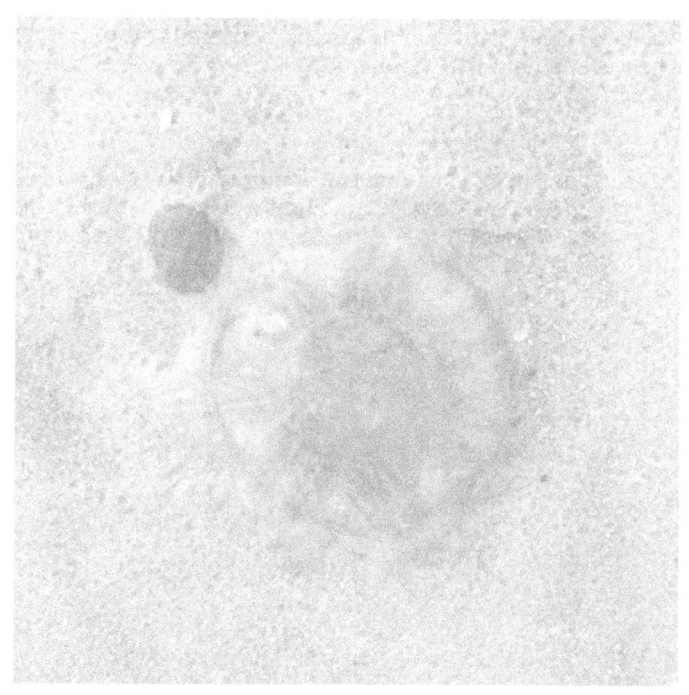

41

innenwelt

In diesem Teil des Büchleins schreibt ICH aus ICH heraus, also als EINS. Es erzählt von einer Reise, die es scheinbar gemacht hat.

ICH

erkennt dabei, dass es nur ICH gibt und dass alles was es sieht, aus ICH entsteht. ICH kommt am Ende seiner Reise scheinbar wieder dort an wo sie begann ... doch es kann nie mehr so sein wie es vorher war!

ego-krise + beginn der suche

Wie erklärst du jemandem wie es ist, sich selbst zu suchen, ohne zu wissen, dass es so ist? Bei mir hat es eine Krise gebraucht, um zu begreifen, dass ich nicht die bin, die ich glaubte zu sein. Da brach mit recht lautem Getöse ein Ego-Gerüst zusammen und es sollte zweimal geschehen; es reichte nicht aus, nur ein Auge zu öffnen, um umfassend und nachhaltig zu erkennen, in welchem Traum ich mich befand. Ich habe nie Indien besucht, weilte in keinem Ashram oder sonstigen spirituellen Zentren, habe aber gelesen, sehr viel sogar. Auch Autoren können Gurus sein bzw. alles ist Guru, was dir begegnet, weil nichts ohne Konsequenz bzw. Eindruck bleibt. Alles zeigt dir Wahrheit, wenn du bereit bist, sie zu sehen. Dieser Punkt wäre eine gute Überleitung in die Diskussion, ob Selbsterkenntnis durch Gnade geschieht oder durch eigenes (Ego)Bemühen. Zumindest wird dies in wichtigen Erleuchtungs-Satsangs kontrovers betrachtet und wenn du dich am Diskurs beteiligen möchtest bist du schon dabei von dir selbst abzudriften. Wenn es nur EINS gibt, wie sollte dann irgendjemand anderer dich zu dir selbst führen können? Erstens gibt es diesen anderen nicht und zweitens kannst du auch nicht zu dir selbst geführt werden, denn dann wärst du ja „Zweiheit". Das einzige, was dir helfen kann, zu erkennen wer du bist, bist du selbst. Alles (andere) was du in der Außenwelt siehst, sind deine Spiegelbilder, sind also lediglich die Reflektionen deiner Selbst. Stelle dir vor, in einem Spiegelkabinett zu sein und schaue auf die Bilder, die dir zurückgespiegelt werden. Egal ob hübsch und lieblich oder schrecklich verzerrt, das bist immer nur du ... .

Durch das Öffnen meiner Augen wurde ich mir vollständig meiner menschlichen Problematiken bewusst.

Ich reflektierte die psychischen Prägungen und Muster, die mich leiden ließen. Mein Selbst-Konzept zerplatzte wie eine Seifenblase und zurück blieb erst einmal nichts. Ich zog mich ein wenig zurück von der Welt, denn ich hatte genug gesehen, um zu wissen, dass ich da jetzt vorerst nicht mehr aktiv dabei sein wollte. So flog ich einige Zeit ein wenig unter dem Radar, verbrachte viel Zeit mit meinem Hund in der Natur, kümmerte mich um die Probleme anderer Menschen und verdiente zuerst bescheidene Brötchen, die meine finanzielle Existenz sichern mussten. Obwohl sich das aus der Distanz eher entspannt anhören mag, war dies für mich jedoch eine recht anstrengende Phase, in der ich mich stark von der Spiritualität angezogen fühlte. Die Außenwelt interessierte mich nicht mehr wirklich und ich suchte die Stille, um mich ganz auf meine Innenwelt konzentrieren zu können.

Der „Urknall", der die Person schließlich auseinanderriss, schien sich anzukündigen und ich begann fast unmerklich mit dem sogenannten „dritten Auge" zu sehen. Alles schien sich auf mich zu beziehen, weil alles, was ich erlebte, mir etwas zu sagen hatte. Ich begriff, dass nichts einfach nur so passiert, dass es da keine Geschehnisse gibt, die von mir getrennt sind. ALLES hat mit mir zu tun, wenn ich die Augen offen habe und bewusst bin. Ich begann überall hinzuschauen und zu hinterfragen, vor allem dort wo es besonders unangenehm war. Ich hielt aus und ging durch, suchte keine Ausflüchte und beschönigte nichts mehr. Ich konfrontierte mich mit allem, was Resonanz in mir hervorrief und ich hörte erst auf, jedes einzelne Teilchen zu hinterfragen, wenn ich innerlich spürte, dass es „einrastete", weil Wahrheit sich offenbarte. Sobald dies geschah, verflüchtigte sich das Thema, es löste sich auf, ohne dass ich weiter etwas dazu hätte tun können.

Loslassen ist kein aktiver Akt. Es geschieht aus sich heraus, wenn du am Urgrund deiner Problematik ankommst - am Schmerzpunkt, dort, wo es richtig weh tut. Anstrengende Loslass-Übungen sind völlig wirkungslos, wenn du an diesem Punkt nicht gelandet bist. Wahrheit ist *der* Weg; es gibt keinen anderen zu dir selbst und deshalb brauchst du auch nicht nach jemandem suchen, der dich auf deinem Weg begleitet oder dir voraus geht. Ich wurde hingeführt, ob ich wollte oder nicht und ich zog hilfreiche Menschen an, wenn sie notwendig waren. Wahrheit untergräbt die Maske bis sie sich ablöst.

„Äußere Geschehnisse" zwangen mich zusätzlich, mich zumindest gefühlt zu ergeben. Der Tod hielt Einzug und nahm alles mit, was mir bis dahin am nächsten lag. Meine Welt lag innerhalb eines kurzen, weil sehr anstrengenden Jahres in Scherben und ich stand völlig alleine da. Plötzlich war da niemand mehr, für den ich da sein konnte oder dem ich helfen durfte. Auf einmal war ich unwichtig, weil mich keiner mehr brauchte. Da war nur noch Leere ... und sie tat schrecklich weh. Bei allem psychischen Schmerz, den ich bis dahin ausgehalten hatte, war dieses Gefühl der Einsamkeit das Schlimmste, was ich je erlebt hatte. Ich ertrug sie tapfer, weil ich spürte, dass ich durch genau diese Einsamkeit hindurch *musste*, ich *musste* sie erleben, sie *musste* mir einfach geschehen, weil sie das ist, wovor der Mensch am meisten Angst hat. Ich fühlte, dass die Erlösung „hinter der Angst auf mich wartet", ich *wusste* es einfach.

transformation + phänomene

In der Einsamkeit wurde ich völlig auf mich zurück geworfen. Es war das „Einswerden", weil es danach kein „Zweites" mehr gab. Da fand ein Verschmelzen mit dem was ist durch das Aufgeben der Person (Ego/Eigenwille) statt. Hingabe geschah, die unvorstellbar war und den Geschmack von Demut trug. Ich fügte mich in das EINE, ohne zu diesem Zeitpunkt zu wissen, dass ich selbst dieses EINE bin. Ich nahm damals noch intensiv etwas zutiefst Göttliches außerhalb von mir wahr, obwohl mir bereits ein „Erlebnis des Einsseins mit allem" geschehen war. Die Projektion auf etwas Heiliges, von mir Getrenntes, war also trotzdem noch geblieben, in das hinein ich mich scheinbar ergeben konnte.

Ab diesem Moment begann Transformation, die durchaus auch körperlich massiv spürbar war und mich nicht schlafen ließ. Da wurde etwas radikal umgebaut in mir, was mich auch im Schlaf im Bewusstsein hielt - ich war also nicht nur tagsüber „online". Dabei schwitzte ich alles aus mir heraus, jedes einzelne Gift, das noch an Sucht und Abhängigkeit erinnerte. Es war wie eine Reinigung, die natürlich nicht nur körperliche Prozesse meint, sondern auch jede psychische Verunreinigung in Form von Schmerz, Leid, Erinnerung, Zorn, Schuld, Konflikt, Angst. Ich wusste instinktiv, dass dies ein notwendiger Reinigungsprozess war und deshalb hielt ich schweigend aus. Er dauerte in seiner intensiven Zeit rund ein halbes Jahr und schwächte sich dann in weiteren sechs Monaten immer weiter ab. Weil meine Wahrnehmung äußerst subtil war, besuchten mich in dieser Zeit Phänomene, die meist während Momenten der Stille, der Meditation oder frühmorgens auftauchten.

Was allerdings bis heute geblieben ist, ist die Wahrnehmung eines durchsichtigen Gebildes, das wie eine kleine Schlange aussieht. Sie erscheint vor dem linken Auge, wenn ich ganz in dem ruhe was ist und sehr intensiv BIN, was Bewegung oder geistige Aktivität nicht ausschließt. Es kann mich also auch beim Joggen oder Schreiben, beim Putzen, Spazierengehen oder während des Autofahrens begleiten. Es hat weder etwas mit der Netzhaut noch mit der Linse zu tun. Heute beachte ich es kaum noch, weil es einfach dazu gehört, während es damals etwas Besonderes war. Als ich es näher untersuchte, stellte ich fest, dass vor dem rechten Auge ähnliche netzartige Gebilde auftauchen und manchmal auch winzige Lichtpunkte, die wie Sternenstaub wirken. Doch sobald ich mich auf die rechte Erscheinung konzentriere, verschwindet die linke und umgekehrt. Es ähnelt den Doppelspalt-Experimenten der Physik. Ich schreibe dies deshalb so ausführlich, weil es darauf hinweisen könnte, dass es möglicherweise tatsächlich verschiedene Wahrnehmungsebenen gibt.

Ich sah auch Symbole, die nichts mit Traumbildern zu tun haben, weil deren „Auflösung" extrem hoch war und weil sie blitzschnell erschienen und wieder gingen. Ein Neurologe mag solche Phänomene wahrscheinlich rationalisieren, für mich sind sie einfach das, was sie im Moment ihres Erscheinens zum Ausdruck bringen – ganz egal auf welche Weise sie entstehen. Die Beschreibung der Phänomene soll lediglich aufzeigen, dass es Dinge gibt, von denen wir nicht wissen, wie sie geschehen.

Doch ich fühlte, dass ich verantwortungsbewusst und sozusagen passiv damit umgehen musste. Es ist ein großer Unterschied, ob sie mir geschehen, oder ob ich sie durch Eigenwillen hervorrufe. In manchen esoterischen Büchern kannst du lernen, deine Wahrnehmung zu schulen, damit sie sich steigert, erweitert oder intensiviert. Mal davon abgesehen, dass dies nicht immer und nicht für jeden oder überhaupt der Fall sein muss, überschreitet die Esoterik teilweise die natürlichen Grenzen, denn jedes menschliche Einwirken bedeutet Manipulation. Fakt ist jedoch, dass sich „meine" Phänomene zu einem Zeitpunkt zeigten, zu dem sie wie Botschaften für mich erschienen. In dieser Phase stehen zu bleiben und daraus ein (einträgliches) Geschäft zu machen, war zumindest nicht meine Bestimmung, wenn man das so nennen will. Die intensive Wahrnehmung ist geblieben, weil ich als SoSein in die Welt blicke, zwar nicht immer gleich intensiv, aber umfassend. Allerdings kann ich weder die Farbe deiner Aura benennen, noch wirklich in die Zukunft schauen (weil es sie nicht gibt). Ich kann jedoch Wahrheit erkennen und wahrnehmen wer du bist oder glaubst zu sein.

Ein beeindruckendes Erlebnis, dass in Zen-Büchern beschrieben wird, geschah mir, als ich mich in meiner „sonntäglichen Liege-Meditation" befand. Ich muss in die untersten Tiefen des Bewusstseins hinabgesunken sein, als mich plötzlich ein heftiger innerer Schlag durchfuhr. Mein Kopf dröhnte und ein gelbgoldener Lichtstrom zog mich ins Bewusstsein zurück. Durch das heftige Zucken meines Körpers war meine neben mir liegende Hündin so erschrocken, dass sie aufsprang und mich aus der Meditation riss.

Ganz mit Glückseligkeit erfüllt wurde ich beim Laufen in der Natur. Da gab es einen so unglaublich intensiven Moment, der das Gefühl in sich trug, alles was ich sah aus meinem tiefsten Inneren heraus zu lieben. Es war fast schmerzhaft, als ich dabei die Einheit aller Dinge wahrnahm: der Baum, der Berg, die Kuh, das Pferd, die Weide, der Himmel, alles schien ich selbst zu sein und alles war von vollendeter

Schönheit. Sogar die sonst hässlichen Hochhäuser oder der Rauch der entfernten Fabrikschornsteine hatten etwas Schönes an sich. ALLES IST EINS, so empfand ich zutiefst und ich wollte wie eine Auster aufbrechen und mein Innerstes nach außen werfen. Es ist eine so intensive Glückseligkeit, die du kaum aushalten kannst. Heute bildet sie den Hintergrund „meines Lebens", damals war es ein einmaliges und so überwältigendes Erlebnis, dass ich mich einerseits wie ein Kind fühlte und hüpfte und lachte und andererseits so voller Liebe war für all das was mir das Leben in dieser Welt ermöglicht.

Einmal erlebte ich auch eine derart intensive Meditation, dass ich an die Zeit des restlichen Tages keine Erinnerung mehr habe. Ich stand einerseits völlig neben mir und gleichzeitig so IN mir, wie niemals zuvor. Wenn ich ehrlich bin, hatte es mir sogar ein bisschen Angst gemacht, weil ich danach beim Blick in den Spiegel zuerst nicht wusste wer mir da entgegen blickt.

Was in dieser Zeit geboren wurde, ist die tiefe Dankbarkeit, die immer da ist, egal was ich tue. Du kannst sie auch als Liebe bezeichnen, die sich automatisch in Mitgefühl ausdrückt. Weil ich zutiefst wahrnehmen durfte (darf), dass alles EINS ist, war es mir fortan nicht mehr möglich, irgendwelche Unterschiede zu machen, sei es zwischen Mensch, Tier, Natur oder auch allen Dingen außerhalb der Erde. Wenn ich sage, dass wir EINS sind, dann bedeutet das, dass wir DAS GLEICHE sind. Und wenn die Kuh auf der Weide ICH BIN, wie kann ich sie dann essen? Weshalb sollte ich einem jungen Tannenbaum das Leben nehmen, nur damit ich ihn mit Kugeln behängen kann? Ich litt zu dieser Zeit wirklich sehr unter der Tatsache, dass der Mensch scheinbar alles töten muss, was er sieht – und das ist „in echt", aber auch metaphorisch gemeint.

Diese Feststellung wurde mir so schrecklich, dass sich meine vegetarische Einstellung in vegan „verschärfte". Doch im Grunde bezieht sich diese Wahrheit nicht nur auf das Essen sondern umfassend auf den Umgang mit allem was du glaubst nicht du selbst zu sein.

Von einem Phänomen möchte ich noch gerne berichten, weil es alles entscheidend in die Erkenntnisphase überleitete: Ich sank in der Meditation sehr schnell in die Tiefe, so tief, dass die Stille fast unheimlich wurde. Es war, als würde die Zeit, das Leben, anhalten. Da herrschte eine so vollständige Lautlosigkeit, als schiene nichts mehr zu existieren. Auf einmal tauchte vor meinen geschlossenen Augen ein beeindruckendes Rot auf, das wie Feuer wirkte. Ich fühlte mich im puren Sein, im Nichts, in dem ich starb und im gleichen Moment wieder geboren wurde. Ein gelbgoldener Sternenkranz explodierte im Rot und mein Körper schien anzuschwellen während ich mich hochgezogen fühlte. Ein Gefäß tauchte ganz deutlich in meiner Wahrnehmung auf, das an eine Urne erinnert oder auch an die Form des Herzens (sehr viel später blitzte die Idee auf, dass dies der „Heilige Gral" sein könnte, der nicht irgendwo außerhalb zu finden ist, sondern nur in dir). Dann erschienen Edelsteine in verschiedenen Farben, die sich in die Außenseite des Gefäßes einfügten und das Material durchdrangen. Ich erkannte, dass ich dieses Gefäß bin und dass „das Göttliche" aus dem Inneren des Gefäßes durch diese Edelsteine in die Welt schaut. Die Edelsteine glänzten nicht, sondern waren im „unreinen" Zustand und symbolisierten die Sinne. Schließlich floss von oben ein ganz unscheinbarer, grauer Nebel in das Gefäß und ich wusste, „das ist der Heilige Geist, die Essenz in mir".

Die Erlebnisse, dich ich hier beschrieben habe, sind nur deshalb notiert, weil sie dir zeigen sollen, dass es sie tatsächlich gibt, dass sie jedoch nicht *das* sind, wonach du suchst. Sie sind nur Momentaufnahmen, die quasi in Bildern Wahrheit ausdrücken und dich darin unterstützen können, Klarheit zu finden. Manchmal ist es vielleicht besser, wenn sie nicht auftauchen, weil sie dich vom Weg abbringen oder dich aufhalten können. Es gibt so manch' einen, der sich in seiner „Besonderheit" sonnt und viele Menschen damit anziehen und in die Irre leiten kann.

Die geistige Transformation kannst du hauptsächlich als Dekonditionierung und Schattenarbeit beschreiben. Die Anteile und Muster in mir, die ich in meiner psychischen Selbstanalyse der Jahre zuvor noch nicht (vollständig) aufgedeckt hatte, wollten jetzt angeschaut werden. Da traten Archetypen auf, die durchleuchtet und zugewiesen werden wollten. All dies geschah durch Wahrheit, weil Wahrheit *der einzige* Weg ist, durch den das SoSein „freigelegt" werden kann. Die Muster und Konflikte lösten sich auf, selbständig, ohne dass ich hierzu noch etwas hätte tun können. Alle Triggerpunkte wurden nach und nach deaktiviert, bis ich eines Tages feststellte, dass da niemand mehr war. Mein Name wurde mir fremd und ich hätte ihn am liebsten ausgetauscht oder besser vollständig abgegeben, weil ich nicht mehr die war, die ich zuvor gewesen bin; im Grunde war ich eigentlich „Niemand" mehr. Am Ende fühlte ich mich vollständig leer. Ich hatte alles geschaut, was sich zu diesem Zeitpunkt zeigte. Es schien als wäre die Geschichte der Person zu Ende und die Vergangenheit ausgelöscht. *Der Fragende verschwand, weil es keine Fragen mehr gab. Was blieb war das EINE, das nie eine Zweiheit war.*

Das Ende der Transformation bedeutet, wieder vom „Heiligen Berg herabzusteigen" und sich in den ganz normalen Wahnsinn der Welt zu ergeben. Ein Zen-

Meister beschrieb mir einmal die „Ochsen-Bilder" und ich kann mich noch gut daran erinnern, wie sehr ich mich damals innerlich dagegen wehrte, wieder zurück auf den Marktplatz des „lauten falschen Lebens" zu müssen. Ich wollte diesen „Heiligen Ort der Stille" nicht verlassen, das Meditieren und die Hingabe an das Göttliche, was auch immer es war. Ich fühlte mich mutterseelenallein ohne das Heilige, vielleicht auch verstärkt deshalb, weil so gut wie keiner aus meinem Umfeld annähernd nachvollziehen konnte was mir geschehen war. Ich war für manche Menschen längst zum „spinnerten Sonderling auf seinem spirituellen Trip" geworden.

Doch schlussendlich wurde ich hinein geworfen in die Angst; ich spürte, dass dieses heilige Gottesbild „falsch" ist, weil es Abhängigkeit bedeutet. Dieses Gefühl ist zuerst grauenvoll, denn du wirst gezwungen, schließlich die „allerletzte Hand" loszulassen. Es gibt dann nur noch dich ... und sonst nichts. Weder ist da einer, hinter dem du dich verstecken kannst, noch hilft dir jemand. Es gibt nur das ICH, das für alles was ist selbst verantwortlich ist und mit allem allein klar kommen muss, egal was passiert.

erkenntnisse ohne ende

Mit dem Abschluss der intensiven Transformations-phase begannen die Erkenntnisse zu fließen. Während dieses „vollständige Reinigen und Umwälzen des Inne-ren" tatsächlich so etwas wie ein Ende findet, zeigen sich die Einsichten scheinbar endlos. Diese Reise hin zur Wahrheit kann niemals aufhören - nicht in diesem menschlichen Körper. Anfangs glaubte ich alles erfasst zu haben, um immer wieder dahingehend belehrt zu werden, dass das was ich bis dahin wusste, längst nicht alles war. Ganz abgesehen davon kann die Wahrheit nicht vom Verstand *verstanden* werden egal wie intelligent du bist, sondern nur vom wahren ICH, also SoSein, *wahrgenommen* werden.

Viele meiner „kleinen Wahrheiten" habe ich im er-sten Teil schon beschrieben. Auch in meinem Buch *„problem.los"* kannst du interessante Hinweise finden. Darin wird die Welt in Paradigmen beschrieben, die sich unterscheiden in die bewertende Egozentrik des Egos und die neutrale und integrale Sicht der Einheit. Was ich hier an dieser Stelle vorstellen möchte, sind Einsichten, die *jetzt* für mich wertvolle Wahrheiten sind. Sie können sich allerdings verändern bzw. vertie-fen, wenn weitere Einsichten fließen ... was ständig und immerfort geschieht:

Bewusstwerdung geschieht analog zur Auflösung der Konditionierung durch das Hinterfragen sämtli-cher Muster, Überzeugungen, Meinungen, Gefühle, Emotionen – im Grunde von allem was du denkst.

Durch Schattenarbeit und Dekonditionierung erfolgt die „Reinigung des Geistes".

Die Ego-Geschichte löst sich auf, wenn die Vergan-genheit vollständig „gesehen" ist und Frieden herrscht, weil kein (un-)bewusster Groll mehr besteht. Einswerdung kann danach geschehen, wenn auch das Gottesbild losgelassen wird.

Die Zeit endet, wenn keine Fragen mehr da sind, die etwas von einer Zukunft wissen wollen, die es nicht wirklich gibt. Damit stirbt auch das Haben-Wollen, Werden-Wollen oder Anders-Sein-Wollen.

Das Ego hat sich aufgelöst, wenn da niemand mehr ist, der irgendetwas wissen will oder Wünsche und Ziele hat.

Das Aufgeben bringt das SoSein zum Vorschein. Jegliches Anhaften hält es fern.

Das Bewusstsein hat den einzig wahren Sinn, zum SoSein zu führen. Es nutzt das Ego für die Selbsterkenntnis. Der Verstand als solcher ist lediglich Werkzeug des Bewusstseins.

LEBEN ist WAHRNEHMUNG. Bewusstsein setzt Wahrnehmung in Information um.

Das SoSein ist Wahrheit, die Liebe ist. Deshalb ist Wahrheit der Weg zum SoSein.

Liebe, Mitgefühl, Nächstenliebe, Vergebung, Neutralität, und Loslassen müssen nicht angestrengt geübt werden. Sie stellen sich von alleine ein auf dem Weg.

Das SoSein ist harmonisch, kongruent und authentisch. Es kann niemals anders sein, als es ist.

Allein „das was ist" zu leben, ohne ein anderes zu wünschen, bedeutet Frieden - den Himmel auf Erden.

Erleuchtung bedeutet, dass da „etwas" (das EINE) begriffen hat, dass es nicht dieses kleine begrenzte Einzelwesen ist. Doch dies ist erst der Beginn des

Weges, der gegangen werden muss, wenn Bereitschaft dazu da ist.

Es gibt nichts, das dich auf deinem Weg leiten kann und deshalb ist da auch nichts, was dir hilft. So kann auch keine Gnade geschehen, weil es kein Zweites gibt. Du bist allein.

Erst wenn du das BIST, dieses EINE ohne ein ZWEITES (Advaita,) bist du am Ende des „menschenmöglichen" Weges angekommen. In dir finden sich sowohl Ego, als auch Gott, weil beide lediglich Projektionen sind.

Es gibt nur ICH ... und sonst nichts.

JETZT

Als SoSein, das als EINS sich selbst überlassen ist, besitze ich weder einen (eigenen) Willen, noch mache ich Pläne. Doch natürlich organisiere ich meinen Alltag, wie jeder andere auch. Dabei treffe ich scheinbar fortwährend kleine alltägliche Entscheidungen, die ad hoc geschehen, weil sie automatisiert sind. Grundsätzlich gibt es jedoch Entscheidungen, die durch Denken getroffen werden, für mich nicht mehr; vielmehr „geschehen" Veränderungen aus mir heraus, einfach durch Wahrnehmung. Das läuft so ab, dass ich spüre, dass das eine oder andere eine Änderung bedarf oder vielleicht sogar ganz aus meinem Leben verschwinden möchte. Ohne in irgendeiner Weise die Für und Wider rational abzuwägen, bleibe ich passiv wahrnehmend, bis Handlung aus sich heraus geschieht. Da taucht dann eine plötzliche Idee auf, die absolut unreflektiert und völlig zweifellos umgesetzt wird.

Mein Leben geschieht einfach. Da ist weder ein Wunsch noch ein (anders) Sein-Wollen. Alles wird so gelebt wie es auftaucht. Ich liege im Meer des Lebens und lasse mich tragen. Manchmal schwimme ich ein bisschen, wenn ich Lust auf Bewegung spüre, manchmal stürze ich mich kraftvoll den Wellen entgegen und manchmal lasse ich mich von ihnen an den Strand spülen. Ich ruhe in mir, auch in Zeiten der Herausforderung, denn natürlich können mir weiterhin „schlechte Dinge passieren". Das Leben ist weder tot noch leblos, es ist intensiv und frei ... und wunderschön.

Ich weiß, dass alles nur in diesem Moment geschieht und dass es nichts anderes gibt als das, was *jetzt* ist. Welche Herausforderung mir auch immer begegnet, was auch immer geschieht, ich weiß, dass ich es nur selbst regeln kann. Ich kann nur alleine diesen Weg in dieser Welt gehen, was nicht bedeutet keine Freunde zu haben. Doch das ALL-EINS-SEIN schließt einfach ein „Zweites" aus. Wie sollte ein anderer wissen, was ICH brauche? ICH kann nur selbst wissen, was ICH zu tun habe. ICH kann zwar Eindrücke und Meinungen aufnehmen, bleibe dabei jedoch unbeeinflusst, weil allein nur ICH wissen kann, was für (M)ICH Wahrheit ist. Da ist ein Urvertrauen im Hintergrund das sich wie Unverletzbarkeit anfühlt. Dennoch erlebe ich natürlich tiefen Schmerz, wenn ein geliebtes Wesen von mir geht, doch da ist kein Widerstand, weil ich weiß, dass es nun mal geschehen muss.

Das Leben als EINS fühlt sich an wie Getragen-Sein und schenkt die Gewissheit, dass alles gut so ist wie es ist und so geschehen muss, wie es geschieht, auch wenn ich nicht wirklich weiß, weshalb das so ist. Das mag für dich befremdlich klingen und möglicherweise sogar ein stückweit überheblich, aber so ist es nun mal – und es fühlt sich liebevoll, harmonisch, grenzenlos und EINS an.

Die Wahrheit ist in allem was ich tue. Es ist mir nicht möglich, nicht wahrhaftig zu sein. Manche Menschen fühlen sich dadurch vor den Kopf gestoßen, weil ich nicht mehr heucheln kann. Aber ich weiß, dass ich mit Mitleid niemandem wirklich helfe. Natürlich fühle ich tiefes Mitgefühl mit einem Leidenden, aber nur die Wahrheit kann ihn heilen. Alles andere verstärkt seine Symptome und hält ihn auf seinem Irrweg gefangen.

Das Leben fühlt sich leicht an, weil ich den Rucksack der Persönlichkeit abgelegt habe. Erinnerungen, die ich früher als negativ oder schmerzvoll betrachtet habe, tun heute nicht mehr weh. Ich nehme sie überwiegend neutral wahr und manchmal scheint es fast so, als wären sie mir nicht geschehen.

Wenn ich spüre, dass ich bei neuen Begegnungen in Resonanzen gehe, bin ich mir bewusst, dass mir damit etwas angezeigt wird, was noch nicht (gänzlich) gesehen wurde oder in irgendeiner Weise bedeutend für mich ist. Ich schaue dann ganz in Ruhe, was der Mensch oder die Situation in mir bewirkt und hole den Hintergrund ans Licht damit sich das Thema auflösen kann. Und das geschieht immer mal wieder, weil dir ja ständig neue Menschen und Situationen begegnen. Es ist so unglaublich befreiend, wenn du neutral schauen kannst, weil es ein konfliktfreies Leben bedeutet. Mag sein, dass der eine oder andere besonders „hartnäckige Fall" ein Gefühl des Ärgers auslösen kann. Er bleibt jedoch an der Oberfläche und zeitlich sehr begrenzt. Wenn du auch die Arsch-Engel deiner Welt willkommen heißen kannst, ist das ein wunderbares Gefühl. Sie zeigen dir lediglich Wahrheit ... und dafür kannst du einfach nur dankbar sein, auch wenn das manchmal nur „rückwirkend" möglich ist.

Mein Leben ist zusätzlich leichter geworden, weil ich auch äußerlich nichts mehr mit mir trage, was ich nicht unbedingt brauche. Der Wechsel in meine kleine Wohnung fühlt sich an wie eine Befreiung und das Meer in Reichweite spiegelt dieses weite innere Gefühl von Grenzenlosigkeit im Außen wider. Ich fühle so tiefe Dankbarkeit, die manchmal so intensiv ist, dass ich gleichzeitig lachen und weinen möchte. Dies ist nun mein Zuhause in dieser Welt ... zumindest *jetzt*.

rückblick

Am Ende bin ich da angekommen wo ich losgegangen bin. Ich habe den Kreis vollendet, zumindest nehme ich es so wahr. Ich bin zurück in dieser lauten Welt, die die gleiche ist wie zuvor und doch so anders. Das liegt daran, dass ich jetzt ganz direkt schauen kann, ohne Filter, ohne Maske, ohne Scheuklappen. Da ist Wahrheit, die erkannt wird, in jedem Moment; ein „Durchblicken" sozusagen. Das geschieht nicht immer sofort oder gleich vollständig, aber doch „im Hintergrund" permanent und fortwährend. Ich kann dies nur schreiben, weil ich bewusst bin, weil ich mir dieses Körper-Geist-Systems bewusst bin und meiner Rolle, die damit verbunden ist. Ich komme nicht raus aus diesem Spiel, ich kann es nur verändern, soweit meine Erinnerung reicht bzw. soweit ich Wahrheit erfassen und dadurch von ihr geleitet werden kann.

Die Wahrheit ist nichts Getrenntes von mir. Ich bin selbst diese Wahrheit, kann sie aber mit den Augen dieses Körper-Geist-Systems nicht sehen. Doch ich bin mir ihrer gewahr. Gewahrsein ist die „reinste" Form von Leben. Es ist da, noch bevor irgendetwas entsteht. Es scheint mir so zu sein, dass das Gewahrsein das erste „Anzeichen" von Leben im kleinen Menschlein ist und das nicht erst seit seiner Geburt. Gewahrsein schaut nur und tut nix. Es nimmt nur wahr in reinster Form, ohne jede Beeinflussung – also völlig unkonditioniert. Im bewussten Zustand wird aus dem Gewahrsein die Wahrnehmung weil es durch den Konditionierungsprozess und die Sinne beeinflusst wird und somit nicht mehr ursprünglich sein kann. Während Gewahrsein nicht über die Sinne geschieht („SEIN-Welt"), schaut die Wahrnehmung durch die Sinne in die Außenwelt. Sie braucht zwar per se keine Bewusstheit, doch wenn Handlung geschehen soll, gehen beide Hand in Hand.

Ich brauche diesen Körper, um Erfahrungen machen zu können. Wozu weiß ich nicht *wirklich*. Ich könnte spekulieren, dass es zu einem gewissen Reifungs- oder Entwicklungsprozess gehört, den ich mir vielleicht sogar selbst auferlegt habe, doch ich kann die Wahrheit nur in Teilchen erfassen, weil mich dieses System begrenzt. Deshalb lasse ich einfach alles geschehen was geschieht ... immer *jetzt*.

Die Wahrheit die ICH BIN ist LEBEN. Manche sagen auch Energie dazu oder Bewusstsein, wobei beides für mich nur Teilaspekte des EINEN sind. LEBEN ist das was ist und gleichfalls das, woraus alles entsteht. Es ist die Leinwand und das Bild. Es ist der Raum und sein Inhalt. Manche, gar weithin bekannten Geister proklamieren, dass ES „nur" die Leinwand sei, der Hintergrund, aus dem heraus alles geschieht, das NICHTS also. Doch das wäre nur ein Teil von mir. Die Phänomene geschehen nicht nur aus mir heraus, sondern ICH BIN ebenfalls das materialisierte Phänomen. Ich bin also sowohl das So-Sein, das in der menschlichen Körper-Geist-Form eingesperrt ist und durch die konditionierte Ego-Rolle handelt, als auch der unendliche Gott - beides bin ich und damit EINS.

Der Kampf gegen das Ego ist die Geschichte des Geistes (Bewusstsein/Wahrnehmung), hervorgerufen durch spirituelle Konzepte, beeinflusst von Religion, Mystik und Philosophie. Ich habe mich mit diesen Konzepten eine Weile intensiv beschäftigt und weiß deshalb, dass es dich süchtig machen kann, wenn du dich unreflektiert und verantwortungslos auf die Gurus dieser Welt, egal ob persönlich oder gelesen, einlässt. Weil du dich aber ohne diese Suche und den vermeintlichen Kampf gegen das Ego nicht wirklich erkennen kannst, hat dieses Schattenboxen seinen Sinn und muss wahrscheinlich so sein. Das Ego ist in diesem Kampf dein Reflektor, denn es zeigt dein eigenes Wirken in dieser Welt. Es spiegelt dein „Geistes-Gut", das in seinem tiefen Grund auf Angst basiert, weshalb die Angst das Motiv ist, woraus das Ego agiert. Sich dieser Angst immer wieder zu stellen, gehört unabdingbar zur Selbsterkenntnis und deshalb kann deine Angst ein Leitfaden für dich sein. Somit ist die Erfindung des Egos für deine Selbstsuche ein Segen, ein Geschenk. Nimm es an, verdamme es nicht, denn es ist weder Illusion, noch unwirklich ... es ist „nur" dein Spiegel! Und wenn du diese Wahrheit ganz in dich eingesogen hast, kannst du nie mehr über das Ego sprechen, weil jeder Ego-Satz eine Lüge ist. Nichts ist getrennt, es gibt keine Zweiheit, weder im Außen noch im Innen.

Und so stelle ich schlussendlich fest, dass es so zu sein scheint, dass es nur M-ICH gibt in dieser phänomenalen Welt; und dass diese Welt nur aus mir heraus entstehen kann, weil sie nicht da ist, wenn ICH (sie) nicht wahrnehme. Und da nicht nur ich ICH BIN, sondern auch du ICH BIST, gilt das für alles, was wahrnimmt. GEWAHR-SEIN ist der Nenner des GANZEN, denn ohne Wahrnehmung IST nichts. Und je intensiver (reiner, unkonditionierter) du wahrnimmst, desto aufregender ist das Leben ... einfach unglaublich spannend!

lebe einfach das was ist

... es gibt sonst nichts

D A N K E

martina.kern@t-online.de

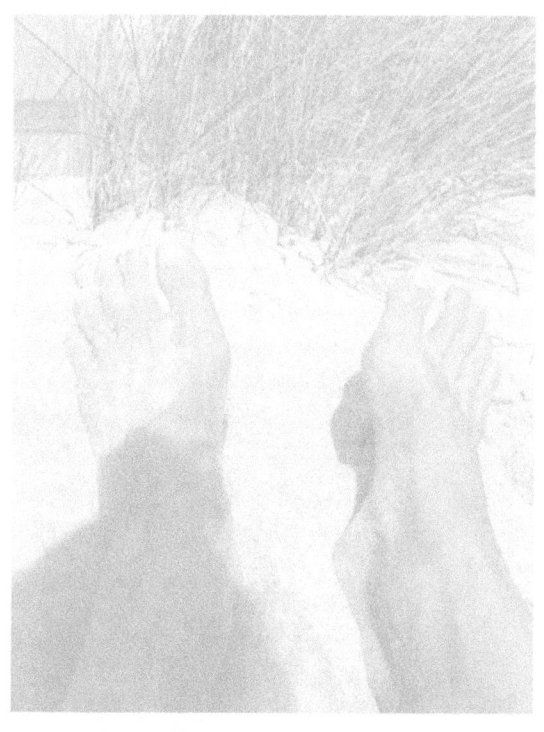

Bereits erschienene Taschenbücher
(auch unter INA KERN)
siehe nächste Seiten

Zu bestellen bei tao.de oder überall
im Internet-/Buchhandel

Durch ihre psychologische Arbeit mit vielen
hilfesuchenden Menschen und aus ihrer spirituellen
Einsicht wurde es für Ina Kern immer offensichtlicher,
dass das Thema „Selbstwertgefühl" Ursache
vieler Probleme ist und den Menschen
in seiner „Opferrolle" hält.
Sie erkannte, dass ohne Selbstwert-Sein,
sich das Leben leichter und freier gestaltet
und die Konflikte mit dem Umfeld
und sich selbst verschwinden.
Ein paradoxer Ansatz, der umso mehr wirksam ist,
als alles andere, was bisher in Psychotherapien
und Selbsthilfebüchern angeboten wird.

Dieses Buch ist kein weiterer Ratgeber „gegen" die Angst,
sondern stellt deren Aspekte im konstruktiven Sinne dar.
Der Autorin ist es wichtig, dass du erkennst,
dass die Angst dich befreien kann;
aus der Enge deiner Gedanken über dich selbst,
deiner Möglichkeiten und deiner Welt.
Angst kann zu deinem Leitfaden werden und
deinen Lebensraum erweitern:
„Stelle dich deiner Angst. Wenn du durch sie hindurch
gehst, entsteht Freiheit – alles ist möglich!"
Ina Kern stellt die verschiedenen Gesichter der Angst vor,
deren Projektionen und Ursachen und zeigt auf,
wie du dich aus ihr befreien und heilen kannst.

Ina Kern

problem.los

Geistige Freiheit gewinnen durch Wahrheit
Paradigmenwechsel und Dekonditionierung
111 Fragen und Antworten

tao.de

*Ina Kern versucht in diesem Buch den Spagat zwischen
rationalem Verstandesdenken und spiritueller Weisheit.
Sie zeigt dir einen Weg heraus aus der Problemwelt
des egozentrischen Paradigma 2 hinein in das
neutrale Paradigma 1 und macht deutlich,
dass du alle Möglichkeiten hast, deine Probleme im Nichts
verschwinden zu lassen, wenn du die
grundsätzliche Ursache aller Probleme erkannt hast.
Das Buch leitet in seinem zweiten Teil auf über 170 Seiten
durch psychologisch-spirituell fundierte Antworten zu
Themen wie Beziehung, Selbstwert, Loslassen, Vergebung,
Sinn, Sein und Erleuchtung aus der Theorie über
in die Praxis eines bewussten Lebens.*

Martina Kern

glücklich
wunschlos

... weil es sowieso so kommt
wie es kommt

Solange du dein Glück in Bestellungen beim Universum
Suchst, hast du dich noch nicht gefunden.
Deinem SoSein fehlt nichts,
es ist wunschlos glücklich.
Doch du spürst es nicht, weil du im Außen suchst.
Jeder einzelne Wunsch ist letztlich „Haben-Wollen"
Und so lange du das nicht wahrhaben willst,
bleibt Abhängigkeit bestehen.
Du musst dir kein Glück wünschen, weil es schon da ist,
du kannst es nur noch nicht erkennen.

Ein kleines Buch über Ego, Gier, Abhängigkeit, Wahrheit,
Sehnsucht, SoSein, Selbstverantwortung,
Bewusstsein ... und Glück!

FSC
www.fsc.org

MIX

Papier | Fördert
gute Waldnutzung

FSC® C083411

Zeitfracht Medien GmbH
Ferdinand-Jühlke-Straße 7
99095 Erfurt, Deutschland
produktsicherheit@kolibri360.de